AF460529

VENTE DES 12 ET 13 AVRIL 1894

HÔTEL DROUOT, SALLE N° 6

à deux heures

OBJETS D'ART

ET DE COLLECTION

DÉPENDANT

De la Succession de Mme X***

COMMISSAIRE-PRISEUR

Me Paul CHEVALLIER

10, rue de la Grange-Batelière, 10

EXPERT

M. Charles MANNHEIM

7, rue Saint-Georges, 7

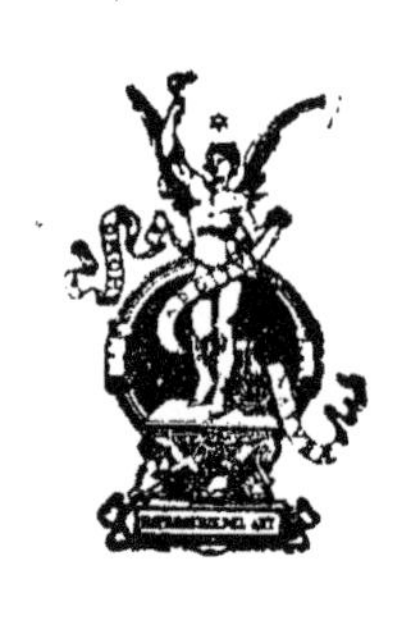

CATALOGUE

DES

OBJETS DE COLLECTION

ET

MOBILIER

BEAUX BRILLANTS

Tabatières, Boîtes, Montres, Bagues, Miniatures

OBJETS DE VITRINE

Argenterie, Faïences, Porcelaines
Bronzes d'art et d'ameublement, Tableaux
Piano droit d'Erard, Meubles en bois doré
Coffre-fort de Fichet, Tapis, etc.

LE TOUT DÉPENDANT DE LA SUCCESSION DE Mme X***

ET DONT LA VENTE AURA LIEU

HOTEL DROUOT, SALLE N° 6

Les Jeudi 12 et Vendredi 13 Avril 1894

à 2 heures

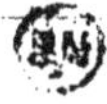

COMMISSAIRE-PRISEUR	EXPERT
Me PAUL CHEVALLIER	**M. CH. MANNHEIM**
10, rue de la Grange-Batelière, 10	7, rue Saint-Georges, 7

EXPOSITION PUBLIQUE

Le Mercredi 11 Avril 1894, de 1 heure 1/2 à 5 heures 1/2

CONDITIONS DE LA VENTE

Elle sera faite au comptant.

Les acquéreurs payeront *cinq pour cent* en sus des adjudications.

L'exposition mettant le public à même de se rendre compte de l'état des objets, aucune réclamation ne sera admise une fois l'adjudication prononcée.

Paris. — Imp. de l'Art. E. MOREAU et Cie, 41, rue de la Victoire.

DÉSIGNATION DES OBJETS

DIAMANTS

1 — Fort et beau brillant pesant environ 33 karats 3/4. 7400

2 — Paire de forts brillants pesant ensemble environ 45 karats 1/2. 5700 Handelaar

3 — Croissant monté de deux rangs de brillants et de quelques roses. 1910

OBJETS DE VITRINE

TABATIÈRES, BIJOUX, ETC.

4 — Tabatière carrée en or repoussé à ornements rocaille et à compartiments d'agate orientale herborisée. Le bec est 2600 Rosenberg

orné de fleurs exécutées en roses, rubis et émeraudes, et la face intérieure de la boîte renferme une montre dont le cadran est encadré de pierres rouges. L'intérieur du couvercle est orné d'une miniature en grisaille représentant un groupe de trois figures. Travail anglais du temps de Louis XV.

2650 Rosenberg

5 — Etui-nécessaire en forme de boîte oblongue en or et agate grisâtre rubannée couverte d'ornements et monuments en or repoussé et repercé à jour. L'intérieur du couvercle renferme une montre dont le cadran porte des chiffres chinois, et la boîte contient quatre petits flacons de cristal avec bouchons d'or et divers ustensiles de toilette en acier et or. Travail anglais du temps de Louis XV.

640

6 — Tabatière plate à angles coupés en or ciselé à mascarons et branches de vigne et fond émaillé gros bleu sur fond guilloché. Le couvercle est orné d'une peinture

sur émail représentant Loth et ses filles. Travail de Genève du temps de Louis XVI.

7 — Grande et belle tabatière oblongue montée à cage en or ciselé à ornements et doublée en or. Elle offre sur toutes ses faces des repoussés sur or qui ont été exécutés par Kirstein de Strasbourg et qui représentent deux scènes de Kermesses d'après Teniers, des corbeilles de fruits, des ornements et des figures allégoriques.

2450 Simon Seligmann

8 — Tabatière carrée montée à cage en argent et ornée de panneaux de nacre de perle gravés à fleurs et incrustés de feuilles d'argent doré. Travail dit de Pomponne, du temps de Louis XV.

1252 Lion (Lafayette)

9 — Tabatière oblongue en vermeil ornée sur chacune de ses faces d'un petit tableau exécuté en marqueterie de bois et représentant des scènes champêtres du temps de Louis XV.

515

10 — Tabatière plate et à angles coupés en or émaillé et gravé, décorée de figures de sphinx en camaïeu vert sur fond gros bleu et à mille raies noir et or alternés. Le couvercle offre à son centre une figure de nymphe en or ciselé et au bord des coquilles réservées sur fond d'émail blanc. Travail de Genève.

11 — Boîte ronde en vernis de Martin, décorée de jeux d'enfants en grisaille sur fond rougeâtre. Elle est galonnée d'or et montée à gorge, à charnière en or.

12 — Bijou pendentif en argent, orné de deux peintures sur verre à sujets religieux. Il est suspendu à trois chaînettes reliées par une couronne en argent doré repercé à jour.

13 — Tabatière ovale en cuivre doré, couverte de pierreries imitant le rubis, le saphir, l'émeraude et le diamant. Cette pièce provient du Palais d'Été.

14 — Médaillon reliquaire de forme ovale en argent, entouré d'une torsade. Il renferme une peinture sur cristal de roche représentant la Vierge glorieuse et diverses reliques. XVIe siècle.

15 — Tabatière à deux tabacs en coco sculpté en forme de barque. Les couvercles offrent les attributs et les emblèmes de la papauté.

16 — Petite jonque chinoise en bambou sculpté, montée par neuf figures prises dans la masse.

17 — Petite applique en cuivre repoussé et doré à figure de divinité boudhique. Cette pièce porte des traces de peinture.

18 — Petit triptyque gréco-russe en cuivre argenté.

19 — Trois clefs dont une en bronze et deux en fer.

20 — Pipe à long tuyau en bois sculpté à ornements et sujets de chasse. XVIIe siècle.

21 — Pipe à long tuyau en bois finement sculpté à figures et ornements. La pipe offre les figures allégoriques de la Foi, l'Espérance et la Charité et elle est garnie en argent avec oiseau debout. XVIIIe siècle. Collection de la duchesse de Berry.

22 — Petite mosaïque rectangulaire de Rome, représentant la coupe aux colombes du Vatican. Cadre en or appliqué sur fond de velours grenat.

23 — Coupe ronde à gorge en cristal de roche, décorée de cariatides ailées et de festons de fruits finement gravés en creux et à couvercle décoré d'ornements gravés. Elle est montée sur un pied élevé à balustre uni et elle est garnie d'une monture en argent ciselé et doré à feuillages et ornements. Travail allemand dans le style du XVIe siècle.

24 — Petit modèle de carrosse en or avec lanternes enrichies de roses. L'attelage

se compose de quatre petits chevaux en nacre de perle avec harnachements d'or. Socle en bois avec bornes en argent reliées entre elles par des chainettes. Cette pièce provient de la vente de la duchesse de Berry.

25 — Montre Louis XV en or gravé et émaillé en plein, à sujet pastoral. Mouvement de Van den Brüel, à Lille.

26 — Petite montre émaillée à figures et ornements. Travail moderne dans le style des pièces exécutées par les Frères Huaut.

27 — Grosse montre Louis XV, en or gravé enrichie d'une peinture sur émail à sujet familier encadré d'ornements exécutés en jargons.

28 — Montre à cuvette émaillée, représentant Flore et Zéphyr dans un paysage. Monture en or gravé. Époque Louis XV.

29 — Grosse montre à répétition, en or

gravé et repercé à jour, avec double boîte en or ciselé à ornements et découpé à jour, enrichie d'incrustations de jaspe vert. Travail anglais du temps de Louis XV.

30. — Montre Louis XVI, en or émaillé en plein à sujet ayant trait à l'autel de l'Amour et à fleurs et ornements formant encadrements. Mouvement de Rouzier et Melly, à Paris.

31 — Clef en or émaillé gris perle et décor de fleurs avec cordons ornés de demi-perles. Le panneton de cette clef renferme une montre dont le cadran est émaillé bleu. Travail de Genève, du temps de Louis XVI.

32 — Bague marquise en or. Le chaton contient une montre avec spirale et encadrement exécutés en roses de très belle qualité.

33 — Bague en or avec chaton orné d'une

intaille sur lapis, représentant un cœur surmonté d'une étoile et monture en argent ornée de deux roses. Epoque Louis XV.

34 — Bague en or, avec large chaton en forme de rosace enrichie de roses.

35 — Bague en or gravé avec chaton émaillé contenant une améthyste.

36 — Bague en or, émaillé noir et blanc, avec chaton en forme de rosace incrustée de rubis.

37 — Bague en or gravé, ornée d'une corbeille de fleurs, enrichie d'une opale, de rubis et de diamants tables.

38 — Bague en or avec chaton orné d'une intaille sur agate, portant un écu armorié, surmonté des lettres E. S.

39 — Camée sur sardonyx orientale, représentant deux personnages en adoration devant un buste de divinité. — Cadre en or. Collection Morny.

40 — Douze plaques ovales, les Césars, émaux de Limoges, peints en grisaille.

41 — Deux salières en émail de Saxe, à petits médaillons paysages : l'une, fond gros bleu ; l'autre, fond vert.

42 — Petit tableau exécuté en mosaïque de Rome ; reproduction d'une fresque antique.

43 — Deux rangs de coraux.

44 — Boîte en forme de feuillages, à nervures gaufrées en relief, ancienne porcelaine de Chantilly, décorée de petits bouquets polychromes dans le goût japonais.

MINIATURES

45 — Jolie miniature de forme ronde, signée *Barrois* : Portrait de jeune femme en costume du Directoire, grand bonnet à la villageoise, fichu rouge, robe à corsage blanc.

46 — Miniature ovale sur ivoire, signée Balay : Portrait de jeune femme de trois quarts à gauche et vêtue d'un corsage bleu.

47 — Portrait d'homme peint sur émail. Il est vu de trois quarts et porte un habit vert. Il est monté dans un médaillon ovale en or, à corde au pourtour.

48 — Peinture sur émail de forme ovale, du temps de Louis XVI. Elle représente trois jeunes femmes nues et un amour.

49 — Portrait d'homme peint sur émail, la tête tournée à droite et vu de trois quarts. Il est vêtu d'un habit bleu. Époque Louis XVI.

50 — Miniature ovale sur ivoire : buste de jeune femme, avec les attributs de Diane.

51 — Miniature ovale sur ivoire : portrait de femme, de face, cheveux poudrés, costume Louis XV.

52 — Trois pièces : portrait d'un personnage du temps de Henri IV, signé P. Gillo 1814, portrait d'un prélat et tête de jeune fille, dans le goût de Baudoin.

53 — Quatre pièces fixées sur un fond de velours : portrait de jeune fille, de face, en buste, corsage bleu ; portrait d'un personnage en buste du XVIIe siècle ; la Dévideuse, d'après Greuze, et jeune fille tenant une corbeille de fleurs.

54 — Quatre pièces fixées sur un fond de velours : buste de jeune femme, peinture sur émail ; miniature : portrait de femme en robe blanche ; miniature à l'huile : portrait de femme, époque Louis XIV, et miniature à l'huile : portrait d'homme du XVIe siècle.

55 — Trois pièces : deux miniatures ovales : Pygmalion et Galatée, Apelle et Campaspe, et une petite gouache : vue du Colisée.

56 — Deux très petites miniatures à l'huile, de forme rectangulaire, personnages en buste, costumes du xvie siècle.

57 — Trois petites peintures, portraits, dans des cadres de bronze, sur fond de velours.

58 — Deux pièces : portrait de jeune femme, en buste de trois quarts, corsage rouge, peinture à l'huile sur cuivre et portrait de femme portant une coiffe et une pèlerine en guipure ; cadre italien.

ARGENTERIE

59 — Vase à couvercle en argent repoussé et doré, décoré de groupes de fruits et d'ornements. Il repose sur un pied à nœud décoré de mufles de lions et le couvercle est surmonté d'une figurine de guerrier. A l'intérieur du couvercle, un

écusson armorié, gravé, est entouré des noms de Hans Wilhelm Ranser et de la date 1627.

60 — Vidrecome en argent repoussé à bustes et ornements. Le couvercle est surmonté d'un bouquet de fleurs et l'anse est ornée d'une cariatide et d'une figurine debout. Travail allemand du XVIIe siècle.

61 — Grand vase en forme de gobelet en argent repoussé doré en partie. La panse offre une ronde de nymphes dansant au son de divers instruments. Le vase repose sur trois boules et le couvercle décoré d'une frise de fleurs est surmonté d'un bouton de forme sphérique. Travail allemand du temps de Louis XIII.

62 — Vase en argent doré repoussé à bossages. Il est supporté par une figure d'amour tenant un flambeau qui repose sur une petite boule ayant pour base un

pied à lobes. Le couvercle de même travail est surmonté d'un vase de fleurs. Travail allemand du XVIIe siècle.

63 — Plateau ovale en argent repoussé. Il offre au centre les figures de Vénus et l'Amour, et au bord des fleurs et des feuillages. XVIIIe siècle.

64 — Deux plateaux de même travail que celui qui précède. Ils offrent à leur centre un écusson flanqué de deux cariatides, et au bord des coquilles et des ornements.

65 — Grand gobelet à couvercle en argent repoussé à fleurs et incrusté de pièces de monnaie prussiennes du XVIIe siècle.

66 — Vase à couvercle en forme de gobelet, en argent repoussé et doré en partie, orné de bustes d'empereurs romains séparés par des trophées d'armes. Le couvercle également orné de trophées d'armes a un bouton de forme sphérique Travail allemand du XVIIe siècle.

**

67 — Grand vase en argent repoussé et doré décoré de fleurs et d'ornements. Le couvercle est surmonté d'une figurine de guerrier debout.

68 — Plateau ovale en argent repoussé à ornements et coquilles, et offrant au centre un écusson surmonté d'une couronne. XVIIe siècle.

69 — Deux plateaux analogues à celui qui précède, mais plus petits. Leurs bords offrent des ornements.

70 — Autre plateau de même travail. Le bord de celui-ci est décoré de coquilles repoussées.

71 — Deux petits vases en forme de balustre à collerette dentée, en argent repoussé à godrons et ornements. Époque Louis XIII.

72 — Vase en argent doré repoussé à bossages et monté sur pied à rinceaux et enroulements. Travail allemand du XVIIe siècle.

73 — Petite lampe en forme de vase en argent repoussé et ciselé à ornements et à bec allongé couvert ainsi que la pièce elle-même de bouchons surmontés d'un oiseau et d'une boule de corail. Elle repose sur un pied élevé et à large base de même travail.

74 — Coffret rectangulaire en argent repoussé à figures et ornements rocaille sur pieds à griffes. Style Louis XV.

75 — Petit vase à couvercle, en forme d'ananas, en argent repoussé sur pied formé d'un tronc d'arbre. Travail allemand du XVIIe siècle.

76 — Petit modèle de lustre en argent Travail hollandais.

77 — Petit gobelet à couvercle en argent repoussé à bustes d'empereurs romains et groupes de fruits. Le bouton du couvercle et les pieds sont formés de boules. Travail allemand du XVIIe siècle.

78 — Couverture de livre en argent. Elle offre sur une de ses faces, le sujet de l'Annonciation, et sur l'autre, la Crèche. Le dos est décoré d'ornements et de bustes, et les deux fermoirs de mascarons et de groupes de fruits.

79 — Petite buire en argent doré. Elle offre dans son pourtour des jeux d'enfants sur l'eau.

80 — Deux pièces : petit jouet d'enfant en argent ciselé, formé d'un personnage monté sur un cheval à bascule, XVIIe siècle, et modèle de gondole en argent doré sur base en aventurine de Venise.

81 — Couvert composé d'une cuillère, d'une fourchette et d'un couteau à manches en argent, décorés de figures en relief et de fleurs. XVIIe siècle.

82 — Gobelet à couvercle en argent doré en partie et repoussé à godrons, fleurs et

rosaces. Le bouton du couvercle et les pieds sont formés de boules. Travail allemand du XVIIe siècle.

83 — Tire-bouchon de poche avec manche et étui formant cachet, en argent à côtes en spirale. Epoque Louis XV.

84 — Petite coupe à vin à deux anses, en argent repoussé, à figure de chasseur et ornements sur fond doré. Travail allemand du XVIIIe siècle.

85 — Boîte en forme de fruit sphérique à côtes en argent repoussé, à fleurs et feuillages. XVIIIe siècle.

86 — Deux vases, en forme de gobelets, en argent repoussé, à riche ornementation de style Renaissance.

87 — Cage et perroquet en argent.

88 — Petit chariot en argent.

89 — Tasse et présentoir en cristal taillé, garnis de montures en vermeil du temps du premier Empire.

90 — Service à thé en plaqué (garniture argent) grand plateau à deux anses, bouilloire, sucrier, théière, bol et pot à crème.

BRONZES D'ART

91 — Statuette d'apôtre debout, bronze italien du XVIe siècle, sur socle en bois noir et marbre griotte.

92 — Statuette : Femme satyre debout. La main gauche manque. Bronze italien du XVIe siècle.

93 — Statuette en bronze : Nymphe à demi-couchée, puisant de l'eau à l'aide d'une coquille. Travail des premières années du XIXe siècle.

94 — Deux statuettes en bronze, d'après l'antique : adolescent debout et faune portant une amphore ; sur socles en marbre noir, avec moulures en marbre griotte.

95 — Deux pièces : figurine antique en bronze : Minerve debout, sur socle en marbre jaune de Sienne, et figurine d'homme couché, en bronze ; sur socle bronze.

96 — Divinité boudhique tenant un enfant par la main ; bronze de Chine à patine brune.

97 — Cheval caparaçonné ; bronze de Chine formant brûle-parfums.

98 — Écritoire formée d'un petit brûle-parfums en bronze de la Chine fixé sur un plateau en bronze.

99 — Vase-balustre à anses, têtes de chimères, anneaux mouvants en bronze du Japon.

100 — Vase-balustre à quatre pans décorés de grecques.

OBJETS VARIÉS

101-102 — Deux bustes d'enfants en marbre blanc, sur piédouches en marbre.

103 — Buste en marbre blanc, grandeur nature, de jeune femme, de face, un diadème dans les cheveux, une draperie de style antique sur les épaules.

104 — Vase-balustre hexagone surbaissé. en ancien émail cloisonné de la Chine, et son support figuré par un dragon en bronze moderne, sur socle en bois de fer.

105 — Deux brûle-parfums en forme de canards, ancien émail cloisonné de la Chine.

106 — Deux petits vases à cols évasés en émail cloisonné de la Chine, feuillages et papillons sur fond bleu.

107 — Bol en émail cloisonné du Japon.

108 — Boîte lenticulaire en émail cloisonné du Japon.

109 — Boîte en émail cloisonné de la Chine : oiseaux et feuillages; pied en bois.

110 — Vase élevé sur pied lobé, en ivoire sculpté et offrant au pourtour un bas-relief représentant des Divinités de la Fable.

111 — Cave à liqueurs, bois noir incrusté de cuivre.

112 — Environ cent volumes reliés, littérature, histoire.

113 — Plusieurs carpettes orientales.

114 — Tapis de voiture en fourrure.

TABLEAUX

BREDAEL (A. Van)

115 — *Le Passage du gué.*

116 — *Troupeau au bord de la mer.*

CARRACHE (École des)

117 — *Piéta.*

CLETOFONTE (Preti)

118 — *La Jeune Mère.*

FRANCK (Fr.)

119 — *Un Festin.*

GUASPRE POUSSIN (École de)

120 — *Deux paysages avec animaux.*

HEYWOOD DOUGHERTY (G.)

121 — *Moutons.*

HYON (G.)

122 — *L'Attaque du village.*

JANSSENS

123 — *Le Départ pour la promenade.*

LANFRANC

124 — *L'Apothéose d'un saint.*

LUNDENS

125 — *Intérieur de cabaret.*

126 — *Fête villageoise.*

MORGENSTERN père

127 — *Intérieur d'église gothique, animé de petites figures.*

Signé des initiales et daté 1809.

128 — *Intérieur d'église, la nuit.*

Pendant du précédent.

MORGENSTERN fils

129 — *Le Moulin à eau.*

MORGENSTERN (Carl)

130 — *Ports de mer.*

Deux pendants.

MULLER

131 — *Scènes de genre.*

Deux pendants.

NOLLEKENS

132 — *Paysage et petites figures.*

QUERFURT

133 — *Combat de cavalerie.*

RADT (Signé A.)

134 — *Deux petits paysages.*

RUSTIGE (1837)

135 — *Sujet familial.*

SCHUTZ, de Francfort

136 — *Paysage montagneux et figures.*

SPRANGER

137 — Allégorie : *les Saisons.*

ÉCOLE FRANÇAISE

138 — *Le Martyre de saint Laurent.*
Esquisse.

ÉCOLE ITALIENNE

139 — *L'Assomption de la Vierge.*

140 — *La Descente de croix.*

141 — *Éliézer et Rébecca.*

ÉCOLE ITALIENNE

142 — *Jésus et saint Pierre.*

ÉCOLE FLAMANDE

143 — *Bacchanale.*

ÉCOLE ALLEMANDE

144 — *Ermites dans une grotte; effet de lumière.*

145 — *Le Tertre ensoleillé.*

146 — *Marine; effet de nuit.*

ÉCOLE ALLEMANDE

147 — *Animaux.*

Deux pendants.

ÉCOLE HOLLANDAISE

148 — *Clair de lune et paysage d'hiver.*

Deux pendants.

ÉCOLE ALLEMANDE

149 — *Vieillard souriant.*

Il est coiffé d'une calotte de soie.

ÉCOLE ALLEMANDE

150 — *Scène conjugale.*

ÉCOLE ALLEMANDE

151 — *Deux petits paysages.*

152 — *Sujet tiré du Nouveau Testament.*

Cadre en bois sculpté.

153 — *Sujet biblique.*

154 — Plusieurs paysages et petits tableaux.

PORCELAINES

155 — Joli groupe de deux figures en ancienne porcelaine de Saxe, marquis et marquise, cette dernière a un costume dit à crinoline. Une cage avec oiseau est près du groupe.

156 — Petit groupe de deux enfants en vieux Saxe figurant l'Europe et l'Asie.

157 — Petit groupe de deux figures en ancienne porcelaine de Louisbourg, jardinière et marquis.

158 — Groupe de trois figures en porcelaine de Saxe, jardinier, jardinière et enfant.

159 — Sept figurines en porcelaine, sujets variés.

160 — Groupe de trois figures, la toilette de Vénus, en porcelaine de Frankenthal.

161 — Soupière couverte à anses en porcelaine italienne à décor d'oiseaux et de branches fleuries.

162 — Plat rond en ancienne porcelaine de Chine, famille rose : vase de fleurs dans une réserve en forme de feuille d'eau.

163 — Plat rond en ancienne porcelaine de Chine, famille rose, décor de paons et fleurs.

164 — Plat rond en ancienne porcelaine de Chine, famille rose, décor de branches fleuries ; fleurs et fruits au marli.

165 — Deux petits plats en ancienne porce-

laine de Chine, famille rose : fleurs ; lambrequin au marli.

166 — Quatre pièces en vieux Chine : deux statuettes debout et deux petits cornets.

167 — Deux girandoles à sept lumières formées chacune d'un vase en céladon gris craquelé de la Chine ; bouquet de lumières et monture de style Louis XV en bronze doré.

168 — Deux jardinières hexagones avec plateaux : personnages. Chine moderne.

169 — Fontaine en porcelaine du Japon, décor bleu ; faces antérieure et latérales laquées à fleurs sur fond noir ; socle-applique en bois sculpté.

170 — Plat rond, porcelaine du Japon, décor bleu, rouge et or de fleurs et vase de fleurs.

171 — Grand plat du Japon, décor polychrome à décor d'animaux chimériques et fleurs.

172 — Autre, à décor de vase de fleurs; compartiments de fleurs au marli.

173 — Grande girandole, formée d'une potiche en porcelaine, décorée dans le goût japonais et garnie d'une monture en bronze.

174 — Deux lampes Carcel en bronze de style chinois, montées sur vases en céladon gris craquelé.

175 — Deux potiches couvertes en porcelaine, décor bleu, rouge et or de style japonais, animaux et fleurs; base en bronze doré.

176 — Service de table en porcelaine chiffrée, décoré en dorure.

177 — Service à dessert, en porcelaine moderne de la Chine.

178 — Service à thé en porcelaine moderne de la Chine.

FAIENCES

179 — Coupe sur pied bas, Urbino : Supplice d'un Martyr.

180 — Coupe, Urbino : Rébecca et Eliezer.

181 — Coupe sur pied bas, Urbino : Miracle du Christ.

182 — Plat ovale, Urbino, XVIIe siècle : armoiries au centre et grotesques.

183 — Coupe, même faïence : Saint-Jean au fond, et grotesques.

184 — Plateau, même faïence : Amour et grotesques.

185 — Plat creux en ancienne faïence de Deruta : sujet de chasse ; marli à compartiments de rinceaux et d'imbrications.

186 — Plat creux, même faïence : buste de femme avec légende ; marli à feuilles et imbrications.

187 — Plat rond, même faïence : Chasse au sanglier.

188 — Plat creux, même faïence : Saint Jérôme ; rinceaux au marli.

189 — Coupe en ancienne faïence de Castel-Durante : Buste de femme, avec les mots : *Camilla bella.*

190 — Cornet cylindrique en ancienne faïence de Castel-Durante : médaillon présentant un saint moine, et rinceaux fleuris.

191 — Deux vases de pharmacie en ancienne faïence de Castel-Durante, pouvant se faire pendants : médaillon orné d'un buste de guerrier et feuillages.

192 — Petit plat, en ancienne faïence de Faenza : au fond, écusson de prélat ; marli à bordure de feuillages.

193 — Plat rond en ancienne faïence de Castelli : au fond, combat de guerriers vêtus à l'antique ; sur marli, trophées d'armes.

194 — Petit plat, même faïence : Saint Jean : au marli, amours et rinceaux.

195 — Plat, même faïence : Sainte Catherine couronnée par un ange ; anges et mascarons au marli.

196 — Deux petites assiettes en ancienne faïence de Castelli : Paysage avec ruines et armoiries.

197 — Deux autres, même faïence : Amour dans un paysage.

198 — Deux pièces, même faïence, petit présentoir orné d'une figure de fleuve et petite assiette, habitation.

199 — Deux vases de pharmacie à panse ovoïde, en ancienne faïence de Savone : décor en camaïeu bleu de figures mythologiques ; anses en forme de têtes de chevaux.

200 — Bassin à bords contournés, faïence italienne : sujet allégorique et inscriptions.

201 — Trois assiettes, faïence italienne du XVIIIe siècle, décor de fleurs de style japonais.

202 — Plat oblong, Venise, XVIIIe siècle : paysage ; marli orné d'amours et fruits en relief.

203 — Plat rond, Venise, XVIIe siècle : sujet de chasse ; marli orné de rinceaux et coquilles en relief.

204 — Petit plat, ancienne faïence italienne : buste de femme.

205 — Grand plat, faïence italienne : portrait de femme ; marli à entrelacs et fleurons.

206 — Deux vases, faïence italienne, à panse sphérique et anses : saints personnages et fleurs.

207 — Deux assiettes, faïence du midi, à décors d'armoiries et amour.

208 — Plat creux, Delft polychrome, décor au tonnerre avec branches fleuries.

209 — Autre plus petit, mêmes faïence et décor.

210 — Plat à ombilic, Delft polychrome, branches fleuries.

211 — Deux plats ronds, même faïence, vase de fleurs avec lambrequins au marli.

212 — Deux consoles-appliques, faïence, formées d'un amour accroupi.

MOBILIER

213 — Piano droit d'Érard.

214 — Pendule-applique Louis XIV, sur un socle cul-de-lampe en marqueterie de cuivre et d'écaille; bas-relief, statuette, chutes, encadrements en bronze doré.

215 — Garniture de cheminée en marbre

blanc, bronze patiné et bronze doré, composée d'une pendule et deux girandoles.

216 — Garniture de cheminée, pendule, coupes et flambeaux en marbre noir et bronze avec parties en émail cloisonné.

217 — Deux cache-pots en onyx d'Algérie avec ceinture de bronze rehaussée d'émail.

218 — Garniture de cheminée, composée d'une pendule et de deux girandoles en bronze doré à sujets allégoriques.

219 — Deux chenets avec galerie et pare-étincelles, bronze doré à figures de tritons.

220 — Lampe en cuivre jaune à quatre becs.

221 — Lustre en bronze garni de poires, pendeloques, etc., en cristal.

222 — Quatre appliques, bronze et cristaux.

223 — Petit lustre hollandais en cuivre, à huit lumières, disposées sur deux rangs.

224 — Petit lustre de style oriental, bronze et céramique.

225 — Suspension de salle à manger.

226 — Deux bras-appliques disposés pour le gaz.

227 — Console en bois sculpté et doré, sur quatre pieds contournés : fleurettes et quadrillés ; dessus de marbre blanc.

228 — Deux consoles en bois sculpté et doré sur un pied contourné : fleurettes et quadrillés ; dessus de marbre blanc.

229 — Meuble à deux portes en marqueterie genre Boulle, garni de bronzes ; dessus de marbre noir.

230 — Meuble de salon en bois doré couvert en damas rouge.

231 — Trois garnitures de croisées assorties.

232 — Meuble-secrétaire surmonté d'une vitrine en marqueterie genre Boulle, garni de bronzes.

233 — Autre, analogue.

234 — Porte-manteaux en bois sculpté, avec tablette et glace.

235 — Porte-manteaux en bois sculpté avec banquette et glace.

236 — Quatorze chaises en bois sculpté, couvertes en cuir à fond vert.

237 — Escabeau en bois sculpté, dossier à décor de feuillages.

238 — Table à un tiroir en bois tourné; dessus en mosaïque de marbres à dessin géométrique.

239 — Vitrine en hauteur, bois noir avec moulures de cuivre.

240 — Bibliothèque à deux corps, le haut vitré, le bas à portes pleines en bois noir, incrusté de filets de cuivre et orné de moulures de bronze.

241 — Bureau-ministre allant avec la bibliothèque qui précède.

242 — Grand coffre-fort de sûreté, de *Fichet*.

243 — Mobilier de salle à manger comprenant une table, six chaises cannées, un buffet et deux servantes.

244 — Glace dans un cadre doré.

245 — Sous ce numéro, mobilier courant : lits, toilettes, armoires, tables de nuit, sièges, etc. (Sera divisé.)

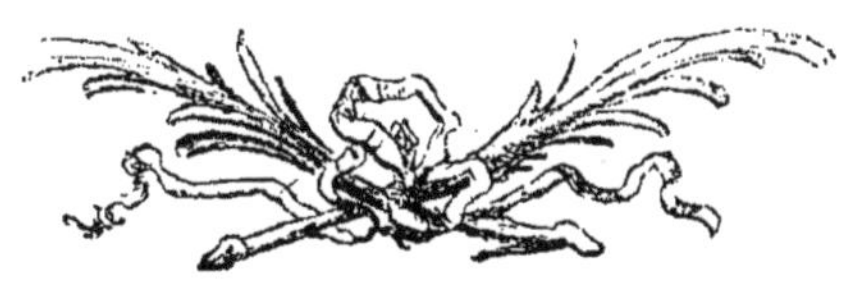

www.ingramcontent.com/pod-product-compliance
Ingram Content Group UK Ltd.
Pitfield, Milton Keynes, MK11 3LW, UK
UKHW020447180726
13839UKWH00004B/1676

9 782329 520476